아름다운 우리말 경전 8

유교경

일타스님 · 김현준 옮김

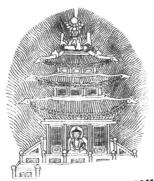

✿ 효림

차 례

. . . .

※ 구마라집 삼장께서 한문으로 번역한 유교경을
일타스님과 김현준 원장이 한글로 번역하였습니다.

유교경 독송 발원문

南 無 是 我 本 師 釋 迦 牟 尼 佛

나무시아본사석가모니불 (3번)

개경게 開經偈

가장높고 심히깊은 부처님법문
백천만겁 지나간들 어찌만나리
저희이제 보고듣고 받아지녀서
부처님의 진실한뜻 깨치오리다

無上甚深微妙法	무상심심미묘법
百千萬劫難遭遇	백천만겁난조우
我今聞見得受持	아금문견득수지
願解如來眞實意	원해여래진실의

개법장진언 開法藏眞言
옴 아라남 아라다 (3번)

나무불수반열반약설교계경 (3번)
南 無 佛 垂 般 涅 槃 略 說 敎 誡 經

1. 서분序分

– 마지막 법의 문을 열다

석가모니 부처님께서
石迦牟尼佛

처음으로 법륜法輪을 굴려
初轉法輪

아약교진여阿若橋陳如를 제도하시고

度阿若橋陳如

마지막 설법으로
最後說法

수발타라須跋陀羅를 제도하시어
度須跋陀羅

제도할 이들을
所應度者

이미 다 제도하셨기에
皆已度訖

사라쌍수娑羅雙樹 사이에서
於娑羅雙樹間

열반에 들고자 하셨다
將入涅槃

때는 한밤중으로   ^{시 시 중 야}是時中夜

고요하고 아무 소리 없는데   ^{적 연 무 성}寂然無聲

부처님께서는 제자들을 위해   ^{위 제 제 자}爲諸弟子

요긴한 법〔法要〕을 간략히 설하셨다

^{약 설 법 요}略說法要

2. 이계위사以戒爲師

－계는 깨달음으로 인도하는 스승

"너희 비구들이여 ^{여 등 비 구}汝等比丘

내가 열반에 든 뒤에 ^{어 아 멸 후}於我滅後

마땅히 바라제목차^{波羅提木叉}(해탈의 세계로 나아가게 하는 계율)를 존중

하고 공경하기를 ^{당 존 중 진 경 바 라 제 목 차}當尊重珍敬波羅提木叉

어둠 속에서 빛을 만난 듯이 하고

^{여 암 우 명}如闇遇明

가난한 이가 보배를 얻은 듯이 하라

^{빈 인 득 보}貧人得寶

마땅히 알아라 ^{당 지}當知

이것이 곧 너희의 큰 스승이니

此則是汝等大師

내가 세상에 더 머문다 할지라도

若我住世

이것과 다를 바가 없느니라   無異此也

3. 지계지상 持戒之相
－비구들이 하지 말아야 할 것들

깨끗한 계율을 가지는 비구는

持淨戒者

팔지도 말고 사지도 말고 무역도 하지 말며

不得 販賣貿易

논밭이나 집을 모으지 말며　安置田宅

사람을 부리거나 노비를 부리거나 짐승을 기르지 말며

畜養人民奴婢畜生

씨앗을 심거나 재보를 모으지 말지니

財寶

一切種植及諸財寶

이 모두를 멀리하기를 불구덩이 피하

듯이 해야 하느니라 皆當遠離 如避火坑

초목을 베거나 토지를 개간하지 말며

不得 斬伐草木 墾土掘地

탕약을 만들거나 合和湯藥

관상을 보고 길흉을 점치거나

占相吉凶

하늘의 별을 보고 점을 치거나

仰觀星宿

달을 보고 흥망을 점치거나 推步盈虛

역수산계(한해의 운세를 보는 것) 등을 하지 말지니

歷數算計 皆所不應

몸가짐을 절제하고 節身

때를 맞추어 먹으며 時食

청정하게 스스로 살아갈지니라

청 정 자 활
清淨自活

세상일에 참여하여 사신 노릇 등을
하지 말며   부득 참예세사 통치사명
            不得 參預世事 通致使命

주술을 부리거나

주 술
呪術

선약을 구하거나

선 약
仙藥

높은 가문의 사람과 사귀어 너무 친
하게 지내거나 예의 없이 굴지 말지
니   결 호 귀 인 친 후 설 만
               結好貴人 親厚媟嫚

마땅히 스스로의 마음을 단정히 하
고   개 부 응 작 당 자 단 심
               當自端心 當自端心

바른 생각으로 남을 제도할지니라

정 념 구 도
正念求度

자기의 결점을 감추거나 이상한 행동
으로 대중을 현혹시키지 말고

부득 포장하자 현이혹중
不得 包藏瑕疵 顯異惑衆

네 가지 공양(음식·의복/침구·의약)을 받되 분량을
알고 만족할 줄 알며 어사공양 지량지족
於四供養 知量知足

공양물을 얻되 축적해서는 안 되느니
라

취득공사 불응축적
趣得供事 不應畜積

4. 정순해탈正順解脫

－계는 해탈을 이루는 근본

이상은 계상^{戒相}, 곧 어떠한 계율을 가져
야 하는지를 대강 말한 것이다
차 즉 약 설 지 계 지 상
此則略說持戒之相

계는 곧 정순해탈^{正順解脫}(해탈로 바르게 나아감)의 근본이기
때문에 바라제목차(해탈을 보호하는 법)라고 이름하
나니　**계 시 정 순 해 탈 지 본　고 명 바 라 제 목 차**
　　　戒是正順解脫之本　故名波羅提木叉

이 계를 의지하게 되면
인 의 차 계
因依此戒

모든 선정^{禪定}과 고^苦를 없애는 지혜를 낼
수 있느니라　**득 생 제 선 정 급 멸 고 지 혜**
　　　　　得生諸禪定及滅苦智慧

5. 지계공덕持戒功德
-청정한 계를 지니는 공덕

그러므로 비구들이여
마땅히 청정한 계를 지닐 것이며

시 고 비 구
是故比丘

당 지 정 계
當持淨戒

훼손하거나 결함이 없도록 할지니라

물 령 훼 결
勿令毀缺

청정한 계를 지니면
능히 선법을 가질 수 있게 되지만

약 인 능 지 정 계
若人能持淨戒

善法

시 즉 능 유 선 법
是則能有善法

청정한 계가 없으면
좋은 공덕들이 생겨날 수 없느니라

약 무 정 계
若無淨戒

諸善功德 皆不得生
제 선 공 덕 개 부 득 생

그러므로 마땅히 알라

是以當知
시 이 당 지

계는 가장 안온한 공덕이 머무는 곳
安穩

이니라

戒爲第一安穩功德住處
계 위 제 일 안 온 공 덕 주 처

6. 당제오근當制五根

-다섯 감각기관을 다스리는 방법

너희 비구들이여   汝等比丘

이미 계에 머물게 되었거든   已能住戒

오근(눈·귀·코·혀·몸)을 잘 제어할지니   當制五根

오근을 제멋대로 내버려 두어 오욕

(재물욕·색욕·식욕·명예욕·수면욕)에 빠져들지 않게 하라

勿令放逸 入於五欲

이는 마치 소를 치는 사람이 막대기
를 쥐고 지켜보다가

譬如牧牛之人 執杖視之

소가 제멋대로 논밭으로 들어가지

못하게 하는 것과 같으니라

불령종일 범인묘가
不令縱逸 犯人苗稼

오근을 제멋대로 내버려 두면 약종오근
若縱五根

오욕락의 끝까지 나아가게 되어

비유오욕 장무애반
非唯五欲 將無涯畔

도저히 억제할 수 없게 되나니 불가제야
不可制也

마치 사나운 말과 같아서 역여악마
亦如惡馬

굳게 재갈을 채우지 않으면 불이비제
不以轡制

마침내는 사람을 끌어다가 장당견인
將當牽人

구덩이에 처박아 넣느니라 추어갱함
墜於坑陷

강도의 침해를 당하면 여피겁적
如被劫賊

괴로움이 한 생으로 끝나지만 고지일세
苦止一世

오근 도둑의 화는 오근적화
五根賊禍

그 재앙이 여러 생에 미쳐서 殃及累世

해가 매우 중하게 되니 爲^害甚重

반드시 삼가해야 하느니라 不可不愼

그러므로 지혜 있는 사람은 是故智者

오근을 다스려 따르지 않나니 制而不隨

오근 지키기를 도둑 잡듯이 하여

持之如賊

함부로 날뛰도록 놓아두지 않으며

不令縱逸

잠시 놓아 둔다 할지라도 假令縱之

오래지 않아 오근의 허물을 모두 쓸
어 없애느니라 皆亦不久見其磨滅

22

7. 제지일처制之一處

– 마음을 제어하여 하나에 집중하라

이 오근(五根)의 주인은 바로 마음이니

此五根者 心爲其主
차오근자 심위기주

너희는 마땅히 마음을 잘 제어할지니라

是故汝等 當好制心
시고여등 당호제심

마음의 두렵기는

心之可畏
심지가외

독사나 맹수나 원적(怨賊)보다 더하고

甚於毒蛇 惡獸 怨賊
심어독사 악수 원적

큰 불길이 넘쳐 번지는 것도 그 두려움에 비할 바가 아니니라

大火越逸 未足喻也
대화월일 미족유야

마치 꿀 담긴 그릇을 손에 든 어떤 이가

譬如有人 手執蜜器
비여유인 수집밀기

이리저리 까불고 날뛰면서

動轉輕躁
동전경조

오직 꿀만 보고 깊은 구덩이를 보지 못하는 것과 같고

但觀於蜜 不見深坑
단관어밀 불견심갱

고삐 끊어진 미친 코끼리와 같고

譬如狂象無鉤
비여광상무구

나무 위에서 이리저리 뛰어다니는 큰 원숭이와 같아서

猿猴得樹騰躍跳躑
원후득수등약도척

제어하기가 참으로 어렵나니

難可禁制
난가금제

마땅히 빨리 기세를 꺾어

當急挫之
당급좌지

제멋대로 날뛰지 못하게 하라

無令放逸
무령방일

마음을 제멋대로 내버려두면 _{종 차 심 자} 縱此心者

좋은 것들을 잃게 되지만 _{상 인 선 사} 喪人善事

마음을 제어하여 한 곳에 두면

_{제 지 일 처} 制之一處

이루지 못할 일이 없느니라 _{무 사 불 판} 無事不辦

그러므로 비구여 _{시 고 비 구} 是故比丘

마땅히 부지런히 정진하여 _{당 근 정 진} 當勤精進

네 마음을 절복(折伏)(항복받음)해야 하느니라

_{절 복 여 심} 折伏汝心

8. 응량수식應量受食
- 먹을 양만큼 공양을 받아라

너희 비구들이여　　　　　여 등 비 구
汝等比丘

음식들을 받아서 먹을 때는　수 제 음 식
受諸飲食

약을 복용하듯이 할지니　　당 여 복 약
當如服藥

좋아하고 싫어하는 음식이라 하여

어 호 어 오
於好於惡

더 먹거나 덜 먹지 말고　　물 생 증 감
勿生增減

몸을 유지할 만큼만 취하여　취 득 지 신
趣得支身

허기짐을 면할지니라　　　이 제 기 갈
以除飢渴

꿀벌은 꽃을 찾아가서　　여 봉 채 화
如蜂採華

오직 꿀만을 취할 뿐　　　단 취 기 미
但取其味

색과 향을 손상치 않나니　　不損色香

비구들 또한 그와 같이 하여　　比丘亦爾

사람들의 공양을 받을 때　　受人供養

배고픔을 면할 정도로 받고　　趣自除惱

함부로 많이 얻기를 구하여　　無得多求

그 선한 마음을 무너뜨리지 말라

　　　　　　　　　　壞其善心

마치 지혜 있는 사람이　　譬如智者

소가 가진 힘의 많고 적음을 헤아려
서

　　　　籌量牛力　所堪多少

과하지 않게 짐을 지워 그 힘이 다하
지 않게 함과 같이 할지니라

　　　　不令過分　以竭其力

9. 수마참괴睡魔慙愧
-졸음과 부끄러움

너희 비구들이여	汝等比丘
낮에는 부지런한 마음으로	晝則勤心
선한 법을 닦아 익히되	修習善法
때를 잃지 않도록 하고	無令失時
초저녁과 새벽에도	初夜後夜
정진을 피하지 말며	亦勿有廢
밤에는 경을 읽은 다음에	中夜誦經
비로소 쉬어야 하느니라	以自消息
잠과 관련된 인연 때문에	無以睡眠因緣
일생을 헛되이 보내면	令一生空

아무런 소득이 없느니라 　過無所得也

마땅히 무상(無常)의 불길이 　當念無常之火

세간을 태우고 있음을 생각하여 　燒諸世間

빨리 스스로를 구제하고자 애쓸지니 　早求自度

부디 잠을 많이 자지 말라 　勿睡眠也

번뇌의 도둑들이 　諸煩惱賊

사람을 죽이려 엿보는 것이 　常伺殺人

원수보다 더 심하거늘 　甚於怨家

편안히 잠자기만을 일삼으며 　安可睡眠

스스로를 깨우지 않을까보냐 　不自警寤

번뇌의 독사가 　煩惱毒蛇

29

네 마음에서 잠자고 있음은　수재여심 睡在汝心

마치 검은 독사가　비여흑원 譬如黑蚖

네 방에서 잠자고 있는 것과 같나니

在汝室睡　재여실수

마땅히 지계(持戒)의 갈고리로　당이지계지구 當以持戒之鉤

속히 물리쳐 없앨지니라　조병제지 早併除之

독사가 나간 뒤에라야　수사기출 睡蛇旣出

편히 잠을 잘 수 있는 것이니　내가안면 乃可安眠

독사를 그냥 두고 잠을 잔다면

불출이면 不出而眠

그는 부끄러움을 모르는 사람이니라

시무참인 是無慙人

부끄러움(慙恥)의 옷은　참치지복 慙恥之服

모든 장엄들 중에서　　　　　　於諸莊嚴
　　　　　　　　　　　　　　어 제 장 엄

가장 으뜸이요　　　　　　　　最爲第一
　　　　　　　　　　　　　　최 위 제 일

부끄러움은 쇠갈고리와 같아서

　　　　　　　　　　　　　　참 여 철 구
　　　　　　　　　　　　　　慚如鐵鉤

능히 사람의 잘못을 제어하느니라

　　　　　　　　　　　　　　능 제 인 비 법
　　　　　　．　　　　　　　能制人非法

　　　　　　　　　　　　　　시 고 비 구
그러므로 비구여　　　　　　　是故比丘

언제나 부끄러워 할 줄 알아서

　　　　　　　　　　　　　　상 당 참 치
　　　　　　　　　　　　　　常當慚恥

잠시도 버림이 없도록 하라　無得暫替
　　　　　　　　　　　　　　무 득 잠 체

만일 부끄러워 할 줄 모르면　若離慚恥
　　　　　　　　　　　　　　약 리 참 치

모든 공덕을 잃게 되나니　　則失諸功德
　　　　　　　　　　　　　　즉 실 제 공 덕

부끄러워 함이 있는 이는　　有愧之人
　　　　　　　　　　　　　　유 괴 지 인

선한 법[善法]을 갖게 되고　　　則有善法

부끄러워 함이 없는 이는　　　若無愧者

짐승들과 다를 바가 없느니라

與諸禽獸無相異也

10. 인욕진에 忍辱瞋恚

- 인욕으로 분노를 다스려라

너희 비구들이여	여 등 비 구 汝等比丘
만일 어떤 사람이 와서	약 유 인 래 若有人來
사지를 마디마디 찢을지라도	절 절 지 해 節節支解
마땅히 마음을 거두어 잡아	당 자 섭 심 當自攝心
성내거나 한을 품지 말며	무 령 진 한 無令瞋恨
또한 입을 잘 지켜서	역 당 호 구 亦當護口
나쁜 말을 내뱉지 말지니라	물 출 악 언 勿出惡言
성내는 마음을 내버려 두면	약 종 에 심 若縱恚心
스스로의 도를 방해하여	즉 자 방 도 則自放道
공덕과 이익을 잃게 되느니라	실 공 덕 이 失功德利

참음의 공덕에는
<ruby>忍<rt>인</rt></ruby><ruby>之<rt>지</rt></ruby><ruby>爲<rt>위</rt></ruby><ruby>德<rt>덕</rt></ruby>

<ruby>持<rt>지</rt></ruby><ruby>戒<rt>계</rt></ruby>와 <ruby>苦<rt>고</rt></ruby><ruby>行<rt>행</rt></ruby>의 공덕이
持戒苦行

능히 미치지 못하나니
<ruby>所<rt>소</rt></ruby><ruby>不<rt>불</rt></ruby><ruby>能<rt>능</rt></ruby><ruby>及<rt>급</rt></ruby>

인욕을 잘하는 사람이라야
<ruby>能<rt>능</rt></ruby><ruby>行<rt>행</rt></ruby><ruby>忍<rt>인</rt></ruby><ruby>者<rt>자</rt></ruby>

힘 있는 <ruby>大<rt>대</rt></ruby><ruby>人<rt>인</rt></ruby>이라 할 수 있느니라

<ruby>乃<rt>내</rt></ruby><ruby>可<rt>가</rt></ruby><ruby>名<rt>명</rt></ruby><ruby>爲<rt>위</rt></ruby><ruby>有<rt>유</rt></ruby><ruby>力<rt>력</rt></ruby><ruby>大<rt>대</rt></ruby><ruby>人<rt>인</rt></ruby>

견디기 힘든 모욕의 <ruby>毒<rt>독</rt></ruby>을 감로수 마시듯이 환희롭게 받아들이지 못하는 이는

<ruby>若<rt>약</rt></ruby><ruby>其<rt>기</rt></ruby><ruby>不<rt>불</rt></ruby><ruby>能<rt>능</rt></ruby><ruby>歡<rt>환</rt></ruby><ruby>喜<rt>희</rt></ruby> <ruby>忍<rt>인</rt></ruby><ruby>受<rt>수</rt></ruby><ruby>惡<rt>악</rt></ruby><ruby>罵<rt>매</rt></ruby><ruby>之<rt>지</rt></ruby><ruby>毒<rt>독</rt></ruby> <ruby>如<rt>여</rt></ruby><ruby>飮<rt>음</rt></ruby><ruby>甘<rt>감</rt></ruby><ruby>露<rt>로</rt></ruby><ruby>者<rt>자</rt></ruby>

도에 들어간 지혜로운 사람이라 할 수가 없느니라

<ruby>不<rt>불</rt></ruby><ruby>名<rt>명</rt></ruby><ruby>入<rt>입</rt></ruby><ruby>道<rt>도</rt></ruby><ruby>智<rt>지</rt></ruby><ruby>慧<rt>혜</rt></ruby><ruby>人<rt>인</rt></ruby><ruby>也<rt>야</rt></ruby>

그 까닭이 무엇인가?
<ruby>所<rt>소</rt></ruby><ruby>以<rt>이</rt></ruby><ruby>者<rt>자</rt></ruby><ruby>何<rt>하</rt></ruby>

성을 내게 되면
<ruby>瞋<rt>진</rt></ruby><ruby>恚<rt>에</rt></ruby><ruby>之<rt>지</rt></ruby><ruby>害<rt>해</rt></ruby>

모든 선한 법을 부수고 　則破諸善法

좋은 명예를 헐어버리며 　壞好名聞

금생에서나 내생에서나 　今世後世

사람들이 보기 싫어하느니라 　人不喜見

마땅히 알아라 　當知

성내는 마음은 　瞋心

사나운 불꽃보다 더하나니 　甚於猛火

언제나 잘 막고 잘 지켜서 　常當防護

마음속으로 들어오지 못하게 하라

　無令得入

공덕을 빼앗는 도둑들 중에 　劫功德賊

성냄보다 더한 것이 없느니라 　無過瞋恚

욕심이 많은 재가인은 　白衣受欲

도를 행하는 사람이 아니요 　非行道人

제어하는 법을 모르기 때문에 　無法自制

성냄도 오히려 용서받을 수 있지만

　　　　　　　　　　瞋猶可恕

출가하여 도를 닦는 　出家行道

욕심 없는 사람이 　無欲之人

분노를 품는 것은 　而懷瞋恚

있을 수 없는 일이다 　甚不可也

마치 맑게 갠 날에 　譬如清冷雲中

천둥 벼락이 치는 것과 같이 　霹靂起火

맞지가 않느니라 　非所應也

11. 탈속난만 脫俗難慢

-출가인답게 교만을 버려라

너희 비구들이여 — 汝等比丘 (여등비구)

스스로가 머리를 깎았고 — 當自摩頭 (당자마두)

이미 몸 꾸미기를 버려 — 已捨飾好 (이사식호)

괴색(색을 무너뜨린 색)의 가사를 입고 — 著壞色衣 (착괴색의)

바루를 들고 걸식을 하면서 — 執持應器 (집지응기)

살아가기로 하였으니 — 以乞自活 (이걸자활)

자신이 이와 같은지를 잘 살펴보아야 하느니라 — 自見如是 (자견여시)

만일 교만심이 일어난다면 — 若起憍慢 (약기교만)

마땅히 빨리 없애야 하나니 — 當疾滅之 (당질멸지)

37

교만심을 기르는 것은 ^{증 장 교 만}
增長憍慢

세속 사람도 오히려 할 일이 아니니
라 ^{상 비 세 속 백 의 소 의}
尚非世俗白衣所宜

하물며 집을 나와 불문에 들어온 이
가 ^{하 황 출 가 입 도 지 인}
何況出家入道之人

해탈을 구하기 위해 ^{위 해 탈 고}
爲解脫故

스스로의 몸을 낮추는 ^{자 항 기 신}
自降其身

걸식을 하며 행할 짓이겠는가?

^{이 행 걸 야}
而行乞耶

12. 질직위본質直爲本
-순박과 정직으로 근본을 삼아라

너희 비구들이여 汝等比丘
<small>여 등 비 구</small>

아첨하는 거짓된 마음은 諂曲之心
<small>첨 곡 지 심</small>

도와 서로 어긋나는 것이니 與道相違
<small>여 도 상 위</small>

그러므로 마음을 순박하고 정직하게

가져야 하느니라 是故 宜應質直其心
<small>시 고 의 응 질 직 기 심</small>

마땅히 알아라 當知
<small>당 지</small>

아첨과 거짓은 기만하고 속이기 위함

일 뿐이니 諂曲但爲欺誑
<small>첨 곡 단 위 기 광</small>

도에 들어온 사람은 入道之人
<small>입 도 지 인</small>

아첨과 거짓이 없어야 하느니라

그러므로 너희는
마땅히 마음을 단정히 하여
순박과 정직으로써 근본으로 삼아야
하느니라

則^즉無^무是^시處^처

是^시故^고汝^여等^등

宜^의當^당端^단心^심

以^이質^질直^직爲^위本^본

13. 소욕무구少欲無求
 -욕심이 적으면 구할 것도 없다

너희 비구들이여 　　　　汝等比丘

마땅히 알아라 　　　　當知

욕심이 많은 사람은 　　多欲之人

이익을 구함이 많기 때문에 　多求利故

그에 따른 괴로움과 번뇌〔苦惱〕가 많

거니와 　　　　　　　苦惱亦多

욕심이 적은 사람은 　　少欲之人

구하고 바라는 것이 없기 때문에

　　　　　　　　　無求無欲

근심 걱정이 없느니라 　則無此患

41

그러므로 이 소욕을

마땅히 닦고 익혀야 할 것인데

直爾少欲

尚宜修習

하물며 소욕이

何況少欲

능히 많은 공덕들을 나게 함에 있어

서랴

能生諸功德

욕심이 적은 사람은

少欲之人

아첨과 거짓으로 남의 마음을 사려

함이 없고

則無諂曲以求人意

눈·귀 등의 감각기관에 끌려다니지

않느니라

亦復不爲諸根所牽

또 욕심이 적은 수행인은

行少欲者

마음이 탄연하여(안정되고 평온함)

心則坦然

42

근심과 두려움이 없고 無所憂畏

일마다 여유가 있으며 觸事有餘

언제나 부족함이 없나니 常無不足

욕심이 적으면 有少欲者

열반과 함께하게 되느니라 則有涅槃

이 가르침을 소욕이라 하노라 是名少欲

14. 오유지족吾唯知足

–스스로 만족할 줄 알라

너희 비구들이여
여 등 비 구
汝等比丘

모든 괴로움과 번뇌에서 벗어나고자
하거든
약 욕 탈 제 고 뇌
若欲脫諸苦惱

지족(知足_{만족할})을 관해야 하나니
당 관 지 족
當觀知足

만족할 줄 알면
지 족 지 법
知足之法

그 자리가 부유하고 즐겁고
즉 시 부 락
卽是富樂

안온한 곳이 되느니라
안 온 지 처
安穩之處

만족할 줄 아는 이는
지 족 지 인
知足之人

비록 맨땅 위에 누워 있어도
수 와 지 상
雖臥地上

오히려 편안하고 즐겁지만
유 위 안 락
猶爲安樂

만족하지 못하는 이는 불지족자 不知足者

비록 천당에 있을지라도 수처천당 雖處天堂

마음이 충족되지 않느니라 역불칭의 亦不稱意

만족하지 못하는 이는 불지족자 不知足者

부유할지라도 가난하고 수부이빈 雖富而貧

만족할 줄 아는 이는 지족지인 知足之人

가난할지라도 부유하니라 수빈이부 雖貧而富

만족하지 못하는 이는 항상 오욕에 끌려다니게 되고 불지족자 상위오욕소견 不知足者 常爲五欲所牽

만족할 줄 아는 이들이 불쌍하고 딱하게 여기느니라 위지족자지소연민 爲知足者之所憐愍

이 가르침을 지족이라 하노라 시명지족 是名知足

45

15. 적정원리 寂靜遠離

- 멀리 떠나 적정을 찾아라

너희 비구들이여
汝等比丘

적정과 무위(함이 없는 해탈 경지)의 안락을 구하고
寂靜 無爲 安樂

자 하면
欲求寂靜無爲安樂

마땅히 시끄럽고 번거로운 곳을 떠나
當離憒鬧

한가한 곳에 홀로 머물러야 하느니
라
獨處閑居

고요한 곳에 있는 이는
靜處之人

제석천왕과 모든 하늘이 공경하고
존중하나니
帝釋諸天所共敬重

마땅히 나의 무리와 남의 무리들을 떠나

시 고 당 사 기 중 타 중
是故當捨己衆他衆

한가한 곳에 홀로 머물면서

공 한 독 처
空閒獨處

괴로움의 근본을 사유하고 없애야 하느니라

사 멸 고 본
思滅苦本

무리 속에 있는 것을 즐기는 이는

약 락 중 자
若樂衆者

무리의 고뇌와 함께하게 되나니

즉 수 중 뇌
則受衆惱

마치 큰 나무에 많은 새가 모여 들면

비 여 대 수 중 조 집 지
譬如大樹 衆鳥集之

그 나무가 마르고 꺾어지는 우환을 겪게 되는 것과 같으니라

즉 유 고 절 지 환
則有枯折之患

또 세상 일에 얽매이고 집착하면

<ruby>世間縛著<rt>세 간 박 착</rt></ruby>

여러 가지 괴로움 속에 빠지게 되나니

<ruby>沒於衆苦<rt>몰 어 중 고</rt></ruby>

마치 늙은 코끼리가 진흙 속에 빠지면

<ruby>譬如老象溺泥<rt>비 여 노 상 익 니</rt></ruby>

스스로의 힘으로 벗어나오지 못하는 것과 같으니라

<ruby>不能自出<rt>부 능 자 출</rt></ruby>

이 가르침을 멀리 떠남〔遠離〕이라 하노라

<ruby>是名遠離<rt>시 명 원 리</rt></ruby>

16. 정진무난精進無難
−정진하면 어려움이 사라진다

너희 비구들이여 　　汝等比丘 _{여 등 비 구}

부지런히 정진하면 　　若勤精進 _{약 근 정 진}

어려움이 없어지느니라 　　則事無難者 _{즉 사 무 난 자}

그러므로 너희는 　　是故汝等 _{시 고 여 등}

부지런히 정진해야 하나니 　　當勤精進 _{당 근 정 진}

물방울이 비록 작으나 　　譬如小水 _{비 여 소 수}

쉬지 않고 떨어지면 능히 큰 바위를
뚫는 것과 같으니라 　　長流則能穿石 _{장 류 즉 능 천 석}

수행자가 게으른 마음으로 공부를
자주 폐하는 것은 　　若行者之心 數數懈廢 _{약 행 자 지 심 삭 삭 해 폐}

49

부싯돌로 불을 얻고자 하면서 열이
나기도 전에 그만 멈추는 것과 같나
니
<ruby>譬</ruby> <ruby>如</ruby> <ruby>鑽</ruby> <ruby>火</ruby> <ruby>未</ruby> <ruby>熱</ruby> <ruby>而</ruby> <ruby>息</ruby>
비 여 찬 화 미 열 이 식
譬如鑽火 未熱而息

아무리 불을 얻고자 하여도
수 욕 득 화
雖欲得火

마침내 얻지 못하느니라
화 난 가 득
火難可得

이 가르침을 정진이라 하노라
정 진
精進
시 명 정 진
是名精進

17. 불망념혜不忘念慧

−잊지 않고 늘 생각하는 지혜

너희 비구들이여 　　　　　　汝等比丘

선지식을 구하고 　　　　　　求善知識

좋은 조력자〔善護助〕를 구할진대는

　　　　　　　　　　　　　求善護助

'잊지 않고 생각하는 것〔不忘念〕'보다

더 좋은 것이 없느니라 　　無如不忘念

잊지 않고 늘 생각하면 　　若有不忘念者

모든 번뇌의 도둑이 　　　諸煩惱賊

들어오지를 못하나니 　　則不能入

그러므로 너희는 　　　　是故汝等

항상 생각을 거두어 잡아 마음에 두어야 하느니라
常當攝念在心
상 당 섭 념 재 심

바른 생각을 잃어버리면
若失念者
약 실 념 자

모든 공덕을 잃게 되고
則失諸功德
즉 실 제 공 덕

생각하는 힘이 굳고 강하면
若念力堅强
약 념 력 견 강

오욕의 도둑 속에 들어갈지라도 해를 입지 않나니
雖入五欲賊中 不爲所害
수 입 오 욕 적 중 불 위 소 해

마치 갑옷을 입고 적진에 들어가면 두려울 것이 없는 것과 같으니라
譬如著鎧入陳 則無所畏
비 여 착 개 입 진 즉 무 소 외

이 가르침을 불망념이라 하노라
是名不忘念
시 명 불 망 념

18. 섭심선정攝心禪定
─마음을 거두어 잡는 것이 선정

너희 비구들이여
여 등 비 구
汝等比丘

만일 마음을 거두어 잡으면
약 섭 심 자
若攝心者

마음이 선정禪定 속에 있게 되고
심 즉 재 정
心則在定

마음이 선정 속에 있게 되면
심 재 정 고
心在定故

능히 세간世間 생멸법生滅法의 모습을 알 수 있게 되느니라
능 지 세 간 생 멸 법 상
能知世間生滅法相

그러므로 너희가
시 고 여 등
是故汝等

언제나 부지런히 선정을 닦아 익혀
상 당 정 근 수 습 제 정
常當精勤修習諸定

정定을 얻게 되면
약 득 정 자
若得定者

마음이 흩어지지 않느니라 _{심 즉 부 산} 心則不散

마치 물을 아끼는 사람이 둑을 쌓고
못을 잘 돌보는 것과 같이

_{비 여 석 수 지 가} _{선 치 제 당}
譬如惜水之家 善治堤塘

수행자 또한 _{행 자 역 이} 行者亦爾

_{智 慧 水}
지혜수를 위해 _{위 지 혜 수 고} 爲智慧水故

선정을 잘 닦아 _{선 수 선 정} 善修禪定

지혜수가 새어나가지 않게 해야 하느
니라 _{영 불 누 실} 令不漏失

이 가르침을 선정이라 하노라 _{시 명 위 정} 是名爲定

54

19. 지혜명등智慧明燈

    −지혜는 무명을 없애는 밝은 등불

너희 비구들이여
汝等比丘 <small>여 등 비 구</small>

지혜가 있으면
若有智慧 <small>약 유 지 혜</small>

곧 탐착이 없어지나니
則無貪著 <small>즉 무 탐 착</small>

항상 스스로를 자세히 살펴
常自省察 <small>상 자 성 찰</small>

지혜를 잃지 않도록 하라
不令有失 <small>불 령 유 실</small>

이것이 바로 나의 법(佛法) 중에서
是則於我法中 <small>시 즉 어 아 법 중</small>

능히 해탈을 얻는 방법이니
能得解脫 <small>능 득 해 탈</small>

만일 이렇게 하지 않는 이는
若不爾者 <small>약 불 이 자</small>

이미 도를 닦는 이도 아니요
既非道人 <small>기 비 도 인</small>

속인도 아니며 _{우 비 백 의}
又非白衣

무엇이라 이름할 것도 없느니라

_{무 소 명 야}
無所名也

진실한 지혜는 _{실 지 혜 자}
實智慧者

생로병사의 바다를 건너는 굳건한 배
요 _{즉 시 도 노 병 사 해 견 뇌 선 야}
則是度老病死海堅牢船也

깜깜한 무명을 없애는 큰 등불이요

_{역 시 무 명 흑 암 대 명 등 야}
亦是無明黑暗大明燈也

모든 병자들의 좋은 약이요

_{일 체 병 자 지 양 약 야}
一切病者之良藥也

번뇌의 나무를 찍어내는 날카로운
도끼이니라 _{벌 번 뇌 수 지 리 부 야}
伐煩惱樹之利斧也

그러므로 너희는 _{시 고 여 등}
是故汝等

마땅히 문혜(들어서 얻는 지혜) · 사혜(생각하여 얻는 지혜) · 수혜(닦아 얻는 지혜)로써 스스로를 더욱 이익되게 해야 하느니라   當以聞思修慧 而自增益

만일 어떤 이가 지혜로 비추어 볼 수 있으면   若人有智慧之照

비록 육안 밖에 없을지라도   雖是肉眼

그는 밝게 보는 사람이니라

而是明見人也

이 가르침을 지혜라 하노라   是名智慧

20. 선불희론善不戲論

-희론을 좋아하지 말라

너희 비구들이여
여 등 비 구
汝等比丘

갖가지 희론戲論(집착과 편견 속에서 행하는 부질없고 이익됨이 없는 말)에 빠지면
종 종 희 론
種種戲論

마음이 산란해지나니
기 심 즉 난
其心則亂

비록 출가를 했을지라도
수 부 출 가
雖復出家

해탈을 얻지 못하느니라
유 미 득 탈
猶未得脫

그러므로 비구들이여
시 고 비 구
是故比丘

빨리 산란한 마음과 희론을 버려야
하느니라
당 급 사 리 난 심 희 론
當急捨離亂心戲論

만일 너희가 적멸寂滅의 즐거움을 얻고자

한다면
_{약 여 욕 득 적 멸 락 자}
若汝欲得寂滅樂者

모름지기 희론하는 버릇부터 없애야

하느니라
_{유 당 선 멸 희 론 지 환}
唯當善滅戱論之患

이 가르침을 ^{不戱論}불희론이라 하노라

_{시 명 불 희 론}
是名不戱論

59

21. 영불방일 令不放逸

─방일하지 말라

너희 비구들이여
汝等比丘

모든 공덕을 짓되
於諸功德

마땅히 한마음으로
常當一心

모든 방일(放逸: 제멋대로 방탕하게 지냄) 버리기를
捨諸放逸

원수와 도둑을 멀리하듯이 하라

如離怨賊

큰 자비를 갖춘 세존의
大悲世尊

이익되는 말은
所說利益

이미 다 설해 마쳤으니
皆已究竟

너희는 오직 부지런히 행할지어다

여 등 단 당 근 이 행 지
汝等但當勤而行之

혹 산속이나 못 옆이나 나무 밑이나

약 어 산 간   약 공 택 중   약 재 수 하
若於山間 若空澤中 若在樹下

고요한 방에 한가로이 있을 때라도

한 처 정 실
閒處靜室

받은 법을 생각하여

념 소 수 법
念所受法

잊거나 잃어버리지 말고

물 령 망 실
勿令忘失

언제나 스스로 힘을 기울여

상 당 자 면
常當自勉

부지런히 닦아 익힐지니라

정 진 수 지
精進修之

아무것도 함이 없이 헛되이 죽으면

무 위 공 사
無爲空死

후에 반드시 뉘우치게 되느니라

후 치 유 회
後致有悔

61

나는 훌륭한 의사와 같아서 我如良醫

병을 알아 약을 일러주나니 知病說藥

약을 먹고 먹지 않고는 服與不服

의사의 허물이 아니요 非醫咎也

나는 좋은 길잡이와 같아서 又如善導

좋은 도로 사람을 인도하나니 導人善道

듣고서도 행하지 않는 것은 聞之不行

길잡이의 허물이 아니니라 非導過也

22. 무의사제無疑四諦

 －사성제에 대해 의심이 없어야

너희 가운데   여 등
                            汝等

        苦 集 滅 道 四諦
만일 고·집·멸·도의 사제에 대해

                    약 어 고 등 사 제
                    若於苦等四諦

의심되는 바가 있거든 지금 속히 묻

도록 하라   유 소 의 자 가 질 문 지
                  有所疑者 可疾問之

의심을 품고 있으면서 해결을 구하지

못한 이는 없는가?" 무 득 회 의 불 구 결 야
                  毋得懷疑 不求決也

그때 세존께서 이렇게 세 번을 말씀

하셨지만 누구도 묻는 이가 없었다

63

이 시 세 존 여 시 삼 창 인 무 문 자
爾時世尊 如是三唱 人無問者

그 까닭이 무엇인가?

소 이 자 하
所以者何

모두 의심이 없었기 때문이었다

중 무 의 고
衆無疑故

그때 아누루타(십대제자 중 천안
제일인 아나율)가 대중들의

마음을 관찰한 다음 부처님께 아뢰

었다
시 아 누 루 타 관 찰 중 심 이 백 불 언
時阿㝹樓馱 觀察衆心 而白佛言

"세존이시여

세 존
世尊

달을 뜨겁게 만들고

월 가 령 열
月可令熱

해를 차갑게 만들 수는 있을지라도

일 가 령 냉
日可令冷

부처님께서 설하신 사제는

불 설 사 제
佛說四諦

64

달라지지 없나이다 _{불 가 령 이}
不可令異

부처님께서 설하신 _{불 설}
佛說

^{苦 諦}
고제는 진짜 괴로움인지라 _{고 제 실 고}
苦諦實苦

즐거움으로 바뀌지 않고 _{불 가 령 낙}
不可令樂

^{集諦 苦}
집제는 고의 진짜 원인인지라

_{집 진 시 인}
集眞是因

다른 원인이 다시 있을 수 없나이다

_{갱 무 이 인}
更無異因

고를 멸하고자 하면 _{고 약 멸 자}
苦若滅者

고의 ^因을 멸하여야 하며 _{즉 시 인 멸}
卽是因滅

^因을 멸하면 ^果 또한 멸하게 됩니다

_{인 멸 고 과 멸}
因滅故果滅

고를 멸하는 길인 도제〔道諦〕는 _{멸 고 지 도}
滅苦之道

진실로 참된 도인지라   <ruby>實<rt>실</rt></ruby><ruby>是<rt>시</rt></ruby><ruby>眞<rt>진</rt></ruby><ruby>道<rt>도</rt></ruby>

다른 도가 다시 있을 수 없나이다

<ruby>更<rt>갱</rt></ruby><ruby>無<rt>무</rt></ruby><ruby>餘<rt>여</rt></ruby><ruby>道<rt>도</rt></ruby>

세존이시여   <ruby>世<rt>세</rt></ruby><ruby>尊<rt>존</rt></ruby>

이 모든 비구들은   <ruby>是<rt>시</rt></ruby><ruby>諸<rt>제</rt></ruby><ruby>比<rt>비</rt></ruby><ruby>丘<rt>구</rt></ruby>

사제에 대해   <ruby>於<rt>어</rt></ruby><ruby>四<rt>사</rt></ruby><ruby>諦<rt>제</rt></ruby><ruby>中<rt>중</rt></ruby>

결정코 의심이 없나이다."   <ruby>決<rt>결</rt></ruby><ruby>定<rt>정</rt></ruby><ruby>無<rt>무</rt></ruby><ruby>疑<rt>의</rt></ruby>

23. 야견전광夜見電光
— 번개가 번쩍할 때 밤길을 찾듯이

"이 대중들 가운데
아직 번뇌를 끊지 못한 이들은

어 차 중 중
於此衆中

소 작 미 판 자
所作未辦者

부처님의 열반을
몹시 슬퍼하고 있나이다.
하오나 처음으로 법에 들어온 이라도

견 불 멸 도
見佛滅度

당 유 비 감
當有悲感

약 유 초 입 법 자
若有初入法者

부처님의 설법을 들으면
곧바로 득도(불문 속으
로 들어옴)를 하게 되오니

문 불 소 설
聞佛所說

득 도
得度

즉 개 득 도
即皆得度

67

마치 밤에 번갯불이 번쩍하는 것을
보고

비 여 야 견 전 광
譬如夜見電光

이내 길을 찾는 것과 같나이다.

즉 득 견 도
卽得見道

또 번뇌를 아주 끊어

약 소 작 이 판
若所作已辦

이미 고해를 건너간 사람들은

苦　海

이 도 고 해 자
已度苦海者

다만 이렇게 생각하고 있습니다.

단 작 시 념
但作是念

세존께서 열반에 드심이

세 존 멸 도
世尊滅度

어찌 이리도 빠른가? 라고."

일 하 질 재
一何疾哉

24. 대비중설 大悲衆說

– 대비심으로 거듭 정진을 권하다

비록 아누루타가 이러한 말로

아 누 루 타 수 설 차 어
阿㝹樓馱雖說此語

모든 대중이 다 사성제를 밝게 안다
고 말하였지만

중 중 개 실 료 달 사 성 체 의
衆中皆悉了達四聖諦義

세존께서는 대중들 모두에게 견고함
을 얻을 수 있게 하고자

세 존 욕 령 차 제 대 중 개 득 견 고
世尊 欲令此諸大衆 皆得堅固

大 悲 心
대비심으로 다시 이르셨다

이 대 비 심 부 위 중 설
以大悲心 復爲衆說

"너희 비구들이여　汝等比丘

근심하고 괴로워하지 말라　勿懷悲惱

내 비록 이 세상에 한 겁을 더 머물지라도　若我住世一劫

마침내는 멸할 수밖에 없고　會亦當滅

한번 만난 이는 그 누구라도　會而不離

헤어지지 않을 수 없느니라　終不可得

자기에게도 이롭고 남도 이롭게 하는 것이　自利利人

법에 다 갖추어져 있으니　法皆具足

내가 오래 머문다 할지라도　若我久住

더 이익될 것이 없느니라　更無所益

마땅히 제도해야 할 이들은　應可度者

천상과 인간 세상에서 若天上人間

이미 다 제도하였고 皆悉已度

아직 제도하지 못한 이들도 其未度者

이미 제도 받을 인연을 다 지었느니
라 皆亦已作得度因緣

지금 이후로 나의 제자들이

自今以後 我諸弟子

이 법을 굴려 수행한다면 展轉行之

이것이 바로 여래의 법신이 항상 머
물러 멸하지 않음이니라

則是如來法身 常住而不滅也

25. 회필유리會必有離
- 만나면 반드시 이별한다

그러므로 마땅히 알라   是故 當知

세상의 모든 것은 무상하여   世皆無常

만나면 반드시 이별하는 것이니

                     會必有離

근심하지도 괴로워하지도 말라

                     勿懷憂惱

세상의 모습이 원래 이와 같나니

                     世相如是

마땅히 부지런히 정진하여   當勤精進

빨리 해탈을 구하고   早求解脫

지혜의 광명으로

어리석음과 어둠들을 없앨지니라

세상은 실로 위태롭고 취약하여

견고한 것이 없나니

내가 지금 열반에 드는 것은

마치 나쁜 병을 없애는 것과 같으니라

이 몸은 마땅히 버려야 할

죄악으로 만들어진 물건이거늘

거짓 이름으로 몸이라 하여 假名爲身
늙고 병들고 나고 죽는〔老病生死〕큰
바다에 빠져 있었더니라

沒在老病生死大海

어찌 지혜 있는 이라면 이것 없애기
를 何有智者得除滅之
원수나 도둑을 없애는 것처럼 기뻐하
지 않겠는가? 如殺怨賊而不歡喜

26. 멸도減度

    －한마음으로 번뇌를 벗어나라

너희 비구들이여
여 등 비 구
汝等比丘

언제나 한마음으로
상 당 일 심
常當一心

번뇌를 벗어나는 길을 부지런히 구하여라
근 구 출 도
勤求出道

이 모든 세상의 움직이고 움직이지 않는 것들은
일 체 세 간 동 부 동 법
一切世間 動不動法

모두가 무너져 없어지고 마는 불안한 모습을 띠고 있느니라
개 시 패 괴 불 안 지 상
皆是敗壞 不安之相

너희는 그만 멈추고
여 등 차 지
汝等且止

다시 말하지 말라　　　　　勿得復語

시간이 다 되어　　　　　時將欲過

이제 멸도하려 하노라　　　我欲滅度

이것이 나의 마지막 가르침이다"

是我最後之所教誨

〈유교경 끝〉

南無佛垂般涅槃略說教誡經
나무불수반열반약설교계경(3번)

유교경을
독송하는 분들께

유교경을 읽기 전에

이 경의 원래 제목인『불수반열반약설교계
경佛垂般涅槃略說教誡經』은 '부처님께서 완전한
열반에 들면서 명심하고 경계해야 할 바를
간략히 설한 경'으로 풀이되며, 줄여서『불유
교경』·『유교경』으로 많이 부르고 있습니다.

이 유교경을 한역한 분은 구마라집鳩摩羅什
(344~413) 삼장이며, 한역 이후 중국과 우리나
라와 일본에서는 부처님의 마지막 말씀을 담
은 소중한 경전이요, 불교 입문자라면 반드
시 읽어야 할 경전으로 자리매김을 하게 되었
습니다.

부처님께서는 이 유교경을 설하실 때 각 단락마다 '너희 비구들이여'로 시작하고 있어, 이 경전의 수용 대상을 비구들로 한정시키고 있는 듯이 느껴질 수 있을 것입니다.

그러나 유교경의 설법 대상은 비구만이 아닙니다. 모든 불자입니다. 출가불자인 비구·비구니와 재가불자인 우바새·우바이 모두에게 설한 경전입니다.

다만 총 26단락 중,

· 하지 말아야 할 것을 설한 ③지계지상
· 공양에 관한 내용을 모은 ⑧음양수식
· 수면과 부끄러움에 관한 ⑨수마참괴
· 교만을 버리고 살 것을 일러준 ⑪탈속난만
· 고요한 곳에 머물 것을 강조한 ⑮원리적정

은 출가불자들에게만 해당되는 조항입니다.

그리고 ③지계지상의 하지 말아야 할 것들은 탁발승의 삶과 관련된 것으로 대승불교권, 특히 우리나라 불교 승려들에게 맞지 않는 조목들이 많으므로 적절히 취하고 버려야 할 것입니다.

독경하면 독경할수록, 새기면 새길수록 부처님의 자비롭고 간곡한 가르침이 가득해지는 경전이 유교경이기에, 이 가르침을 받들어 생활 속에다 활용하게 되면 하루하루가 평화롭고 즐거움이 가득한 삶으로 바뀌게 되리라 확신하고 또 확신합니다.

유교경 독송 방법

다음과 같은 원의 성취를 바랄 때 유교경을 독송하면 좋습니다.

· 감각 기관을 잘 제어하여 바른 삶을 살고자 할 때
· 마음을 잘 다스리고자 할 때
· 수행을 잘하고자 할 때
· 인욕으로 분노를 능히 다스리고자 할 때
· 욕심을 부리지 않고 만족하며 살고자 할 때
· 어려움을 없애고 편안함을 얻고자 할 때
· 늘 부처님을 모시고 불법과 함께 하고자 할 때
· 부처님의 법문을 잘 통달하고 참다운 법공양을
  하고자 할 때
· 업장 참회와 현실 속의 소원들을 이루고자 할 때
· 선정을 이루고 지혜롭게 살고자 할 때
· 대해탈을 이루는 자리이타의 삶을 원할 때
· 신통·지혜·공덕·자비 등을 빨리 이루고자 할 때

1) 경문을 읽기 전에

① 먼저 3배를 올리고 '부처님, 감사합니다.'를 세 번 염한 다음, 유교경을 펼쳐들고 축원부터 세 번 합니다.

"대자대비하신 부처님.

세세생생 지은 죄업을 모두 참회합니다. (3번)

부처님 잘 모시고 부처님의 가르침을 잘 받들며 살겠습니다. (3번)

이 경을 읽는 공덕을 저희 가족 모두의 지혜롭고 자비롭고 평안하고 건강한 삶과 모든 이들의 행복과 깨달음에로 회향하옵니다." (3번)

이렇게 기본적인 축원을 하고, 꼭 성취되기를 바라는 일이 있으면 추가로 축원을 하십시오. 이 경우에는 각자의 원願에 맞게 적당한 문구를 만들어, 이 책 5페이지에 있는 '

개인발원문' 난에 써놓고 축원을 하는 것이 좋습니다.

　②축원을 한 다음 '나무시아본사석가모니불'을 세 번 염하고, 「개경게」와 「개법장진언」 '옴 아라남 아라다'를 염송합니다. 흔히 정구업진언·오방내외안위제신진언·「개경게」와 「개법장진언」으로 구성된 「전경轉經」을 모두 외우기도 하는데, 「개경게」와 「개법장진언」만으로 족합니다.

　③개법장진언 다음에는 유교경의 본래 이름인 '불수반열반약설교계경(佛垂般涅槃略說敎誡經)'을 세 번 꼭 외우십시오. 경의 제목은 그 경전 내용의 핵심을 담고 있으므로 공덕이 더욱 크다는 것을 마음

에 새겨, 꼭 세 번씩 독송하시기 바랍니다.

2) 경문을 읽을 때

①유교경을 읽을 때는 반드시 '나' 스스로
에게, 그리고 법계의 중생들에게 들려준다는
자세로 정성껏 읽어야 합니다. 절대로 '그냥
한 편을 읽기만 하면 된다'는 자세로 번뇌 속
에서 읽어서는 안 됩니다. 스스로 뜻을 새기
고 이해를 하며 읽는 것이 무엇보다 중요하
다는 것을 꼭 명심하시기 바랍니다.

만일 소리내어 독경할 경우에 내용이 잘
이해되지 않고 집중이 잘 되지 않으면, 소리
를 내지 않고 속으로 뜻을 새기며 읽는 정독
을 하는 것이 오히려 더 바람직합니다. 경우
에 따라서는 정독과 소리내는 독경을 번갈아

하는 것도 좋습니다.

　②유교경을 읽다가 특별히 마음에 와닿는 구절이 있거나, 이해가 잘 되지 않는 부분이 있으면 다시 한 번 읽으며 사색에 잠기는 것이 좋습니다. 독경을 한다고 하여 처음부터 끝까지 쫠쫠쫠 시냇물 흘러가듯 읽어내려가야 할 필요는 없습니다. 왜냐하면 독경보다는 간경看經이 훨씬 더 수승한 공덕을 나타내기 때문입니다.

　간경看經은 경전의 내용을 나의 마음속에 또렷이 살아 있도록 하는 것, 경전의 내용을 '나'의 것으로 만드는 것입니다. 이렇게 간경을 하면 유교경의 내용이 차츰 '나'의 것이 되고, 유교경의 가르침이 '나'의 것이 되면 소원

성취는 물론이요 무량공덕이 저절로 생겨나게 됩니다. 거듭 당부드리오니, 결코 형식적으로 읽지 마시기 바랍니다.

③유교경을 다 읽었으면 다시 축원을 해야 합니다. 곧 '유교경 독송 발원문'에 써 놓은 것을 세 번 읽으면 됩니다.

④마지막으로 회향축원을 세 번 합니다.

"유교경을 읽은 공덕을 온 법계와 일체 중생의 발보리심과 해탈과 행복에 회향하옵니다. 아울러 저희의 지은 업장이 모두 소멸되고 위없는 깨달음을 이루어지이다." (3번)

꼭 유교경을 읽은 공덕을 회향하여 마음밭에 새로운 씨를 심으시기 바랍니다.

※소제목은 편의상 붙인 것으로, 원래의 경에는 없습니다. 따라서 꼭 읽지 않아도 되고, 읽어도 상관이 없습니다. 예) 1. 서분   2. 이계위사 등
※소제목 풀이는 소리내어 읽지 않습니다.

 예) – 마지막 법의 문을 열다

 3) 독송의 기간 · 횟수 및 자세

 ①독송 횟수는 하루 최소한 1독은 하여야 하고, 하루에 여러 번을 읽어도 좋습니다. 그리고 독송의 횟수로 기도 기간을 정할 때는 짧게는 1백독, 많게는 3백독 채울 것을 권하고 싶습니다. 1백독 이상을 하게 되면 부처님의 자비가 함께 하게 되고, 그 자비 속에서 하루하루가 행복하고 좋은 날로 바뀌게 되기 때문입니다. 이에 94쪽에 1독을 할 때마다 1

칸씩 표시할 수 있도록 300칸을 마련해 두었습니다.

그러나 사람에 따라 형편과 능력이 다를 것이므로, 자신에게 맞게 독송 기간과 횟수를 잘 선택하여 기도하시면 됩니다.

②독경을 할 때는 바닥 또는 의자에 단정히 앉아 행하는 것이 좋습니다. 바르게 앉을 수 없을 만큼 몸이 좋지 않은 경우라면 벽에 기대거나 누워서 해도 무방합니다. 물론 병상의 환자는 침대에서 편안한 자세로 기도하면 됩니다.

그리고 출퇴근 시간의 전철 또는 버스 안에서 읽거나 직장의 점심시간 등을 이용하는 것도 매우 좋습니다(아무쪼록 뜻을 잘 새기는 쪽으로 마음을 모으십시오).

③특별한 사정으로 기도를 할 수 없는 경우라면 스스로가 정한 만큼을 어디서든 하는 것이 좋고, 그것이 어려우면 '나무불수반열반약설교계경'을 일곱 번 외운 다음 사정을 고하여야 합니다.

"오늘은 특별한 사정 때문에 독경을 제대로 행하지 못하게 되었습니다. 이 허물을 받아 주시옵소서. 내일은 올바로 잘하겠습니다."

그리고 스스로가 세운 축원과 발원을 염하십시오. 이렇게 하면 한 번 하지 않은 것을 핑계삼아 계속하지 않게 되는 허물을 막을 수 있습니다.

여법하게 잘 독경하시기를 축원드립니다.

발 문

부처님의 마지막 설법을 담은 유교경을 한글로 번역하여 이 땅에 처음으로 내어 놓은 분은 일타스님이셨습니다. 스님께서는 1972년에 수많은 불자들에게 감명을 준 『법공양문』이라는 책을 편찬하셨고, 그 책 속에 〈부처님의 마지막 설법 유교경遺敎經〉이라는 소제목으로 이 경전을 담은 것입니다.

스님의 번역문은 간절하였고, 읽는 이들에게 큰 감동을 주었습니다. 그리고 때로는 이 유교경을 대중들에게 강설하여 듣는 이들 모두를 환희롭게 만드셨습니다.

얼마 전에 문득 『법공양문』을 처음부터 읽어

가던 저는 스님의 일상 법문 가운데 많은 부분
이 이 유교경의 내용이었음을 상기하게 되었
고, 그때 새로이 작심을 하였습니다.

'이 유교경을 널리 유포하여 일타스님의 뜻
을 잇고, 불자들이 나아갈 길을 제시해 보자.'

하지만 1972년에 낸 스님의 번역본이 이미
50년이나 지났기에 윤색을 하고 교정을 해야
할 부분이 없지 않았습니다. 하여 신수대장경
을 펼쳐 들고 원문의 한 글자 한 글자를 곱씹으
면서 현대인들이 쉽게 이해할 수 있도록 윤문
을 하였고, 체제를 바꾸어 한글 번역 바로 옆에
한자 원문을 수록하였습니다.

그리고 글을 완성한 다음에는, '일타스님께서
살아생전에 들려주셨던 설법을 되새겨서 『유교
경』의 풀이를 월간 「법공양」에 싣고, 이후 단행

본으로 발간하겠다'는 원을 세웠습니다.

"부처님, 감사합니다. 일타스님, 감사합니다. 이 좋은 가르침을 주셨으니, 저도 이 유교경을 보급하여 부처님과 스님의 뜻을 널리널리 전하겠습니다."

덧붙여 이 책을 쓰고 펴낸 공덕을 온 법계 중생의 깨달음에로 회향하오며, 이 경을 독송하는 분들이 유교경을 기초로 삼아 참된 불자의 길로 평화롭고 즐겁게 나아가시기를 두 손 모아 축원드립니다.

나무시아본사석가모니불

2563년 부처님오신날
경주 남산 기슭 아란야에서 김현준 拜

내가 확인하는 독경 횟수

※ 한 번 독경할 때마다 한 칸씩 확인하세요(날짜를 써도 좋음).

1									10
									30
									50
									70
									100
									120
									140

									150
									170
									200
									220
									250
									270
									300

알기 쉬운 경전 해설서

생활 속의 보왕삼매론 (전면개정신판) / 김현준   240쪽 7,000원

불자들이 즐겨 독송하는 『보왕삼매론』을 해설한 이 책은 병고 해탈, 고난 퇴치, 마음공부와 마장 극복, 일의 성취, 참사랑의 원리, 인연 다스리기, 공덕 쌓는 법, 이익과 부귀, 억울함의 승화 등 누구나 인생살이에서 겪게 되는 장애들을 시원하게 뚫어주고 있습니다.

생활 속의 금강경 / 우룡스님   304쪽 8,000원

금강경을 알기 쉽게 풀이하고 일상생활과 접목시켜 강설함으로써 생활 속에 능히 응용할 수 있도록 하였고, 감동을 주는 일화들을 많이 삽입하여 재미를 더해주고 있습니다.

생활 속의 관음경 / 우룡스님   240쪽 7,000원

관세음보살보문품인 관음경을 통하여 관세음보살의 본질, 일심칭명과 재난 소멸법, 소원 성취법, 관세음보살을 관하는 법 등에 대해 영험담과 함께 감동적으로 풀이했습니다.

생활 속의 천수경 / 김현준   280쪽 8,000원

천수관음을 청하는 법과 가피를 얻는 법, 신묘장구대다라니의 풀이와 공덕, 참회 성취의 비결, 주요 진언의 뜻풀이, 각종 소원을 이루는 기도법 등을 풀어주고 있습니다.

생활 속의 반야심경 / 김현준   272쪽 8,000원

空의 의미, 모든 괴로움의 원인과 괴로움에서 벗어나는 방법, 색즉시공 공즉시색의 참뜻, 걸림 없고 진실불허한 삶을 이루는 방법 등을 쉽고 재미있게 풀이했습니다.

예불문, 그 속에 깃든 의미 / 김현준   256쪽 7,000원

오분향의 의미와 지심귀명례하는 방법, 불법승 삼보의 내용과 문수·보현·관음·지장보살, 십대제자 및 여러 나한들과 역대조사, 그리고 사부대중의 화합 등을 이 책 속에 모두 담았습니다.

아름다운 우리말 경전

1 금강경 / 우룡큰스님 역　　　　　　　　국반판　100쪽　2,000원

'불자들이 꼭 읽어야 할 금강경을 우리말로 보급하겠다'는 원력에 의해 제작된 책. 기도법 · 독송법 등도 자세히 설하였습니다.

2 부모은중경 / 김현준원장 역　　　　　　　국반판　100쪽　2,000원

부모님의 은혜를 느끼며 기도를 할 수 있게 엮었습니다. 부모 자식 사이의 인과와 사랑의 원리도 수록하였습니다.

3 관음경 / 우룡큰스님 역　　　　　　　　국반판　100쪽　2,000원

관음경의 내용을 알기 쉽고 분명하게 번역한 책. 부록으로 관음기도와 염불법에 대해 자세히 설하고 있습니다.

4 초발심자경문 / 일타스님 역　　　　　　국반판　100쪽　2,000원

신심을 굳건히 하고 수행에 대한 마음을 불러 일으키게끔 하는 보조국사 · 원효대사 · 야운스님의 글. 번역이 매우 아름답습니다. 국 · 한문대조본.

5 지장경 / 김현준원장 편역　　　　　　　국반판　196쪽　3,500원

가지고 다니면서 틈틈이 읽게 되면 기도에 매우 큰 도움이 됩니다. 지장경 독송 기도법도 자세히 수록하였습니다.

6 약사경 / 김현준원장 편역　　　　　　　국반판　100쪽　2,000원

독경 및 약사염불 방법을 함께 실어 기도에 도움이 되도록 하였습니다. 법보시용으로 매우 좋습니다.

7 보현행원품 / 김현준원장 편역　　　　　국반판　100쪽　2,000원

독송하면 보현보살의 십대원과 함께 업장 참회와 현실 속의 소원들을 이룰 수 있고 지혜와 복덕을 갖추어 위없는 보리도를 성취할 수 있습니다.

법요집 / 불교신행연구원 편　　　　　　　국반판　100쪽　2,000원

법회와 수행시에 필요한 각종 의식문, 그리고 읽을수록 좋은 몇 편의 글들을 수록한 휴대용 법요집입니다.

선가귀감 / 서산대사 저 · 용담스님, 김현준 옮김　　　160쪽　3,000원

참회 · 염불 · 육바라밀 등 불교의 요긴한 가르침을 일목요연하게 정리하여 불자들의 신심과 정진에 큰 도움을 주는 소중한 책입니다.

한글 법화경 / 김현준 역　　개정신판 전3책 4×6배판 550쪽 20,000원
한글 법화경 / 김현준 역　　양장본 4×6배판 576쪽 20,000원
법화경 한글 사경　　전 5책 권당 4,000원 총 20,000원

법화경을 독송하고 사경해 보십시오.
부처님과 대우주법계의 한량없는
가피가 저절로 찾아들어 소원성취와
영가천도는 물론이요
깨달음과 경제적인 풍요까지 안겨줍니다.

자비도량참법 / 김현준 역　　양장본 528쪽 18,000원

자비도량참법 기도를 하면 나의 허물과 죄업의 참회에서 시작하여
부모 스승 친척 등 육도 속을 윤회하는 온 법계 중생의 업장과 무명
까지 모두 소멸시켜줍니다. 이 참법을 행하다 보면 저절로 참회의
마음이 깊어지고 자비가 충만해지고 환희심이 넘쳐나게 됩니다.

큰활자본 지장경　　　　　　김현준 편역 4×6배판 208쪽 7,000원
지장보살본원경　　　　　　김현준 편역 신국판 208쪽 6,000원

이 책은 지장기도를 하는 분들을 위해 ①지장경을 처음부터 끝까
지 1번 독송 ②'나무지장보살'을 천번 염송 ③지장보살예찬문을
외우며 158배 ④'지장보살' 천번 염송의 4부로 나누어 특별히 만
들었습니다. 각 장 앞에 제시된 기도법에 따라 기도를 하게 되면,
지장보살의 가피 아래 영가천도 · 업장소멸 · 소원성취 · 향상된 삶
을 이룩할 수 있게 됩니다.

※많이 찾는 기도 독송용 경전 (책 크기 4×6배판)

한글 금강경 / 우룡스님 역　　　　　　　　　112쪽　4,000원
한글 관음경 / 우룡스님 역　　　　　　　　　96쪽　3,500원
한글 약사경 / 김현준 편역　　　　　　　　　100쪽　3,500원
한글 보현행원품 / 김현준 편역　　　　　　　112쪽　4,000원
한글 원각경 / 김현준 편역　　　　　　　　　192쪽　7,000원

법보시를 원하시는 분은 출판사로 연락을 주십시오. 할인 혜택을 드립니다.
☎ 02-582-6612 · 582-6613 / Fax 02-586-9078

아름다운 우리말 경전 8

유 교 경

편역자 일타스님 · 김현준
펴낸이 김연지
펴낸곳 효림출판사

초 판 1쇄 펴낸날 2019년 6월 20일

등록번호 제 2-1305호
등록일 1992년 1월 13일
주 소 서울특별시 서초구 반포대로14길 30, 907호 (서초동, 센츄리I)
전 화 02-582-6612, 587-6612
팩 스 02-586-9078
이메일 hyorim@nate.com

ⓒ 효림출판사 2019
ISBN 979-11-87508-31-1 02220
표지 : 일장스님 그림